मधु के द्वीप

वाणी प्रकाशन

नयी दिल्ली-110002

मधु के द्वीप

(उमर ख़य्याम की रुबाइयाँ)

अनुवादक

लक्ष्मण दुबे

ISBN 81-7055-582-5

वाणी प्रकाशन
21-ए, दरियागंज, नयी दिल्ली-110002
द्वारा प्रकाशित

प्रथम संस्करण : 1998

मूल्य : 50.00

कम्प्यूटेक सिस्टम, दिल्ली-110032
द्वारा लेज़र कंपोज

शुभम ऑफसेट, दिल्ली-110032
में मुद्रित

MADHU KE DWEEP
Tr. by Laxaman Dubey

मेरे उस्ताद,
मेरे मार्गदर्शक
कालीदास गुप्ता 'रिज़ा'
के नाम

उमर ख़य्याम का एक रूप और...

लगभग चार-पाँच वर्ष पूर्व मेरे मित्र और हिंदी-सिंधी के जाने-माने साहित्यकार डॉ. मोतीलाल जोतवाणी ने फोन पर सूचना दी कि मुंबई से लक्ष्मण दुबे आए हुए हैं और मुझसे मिलना चाहते हैं। मैंने लक्ष्मण दुबे का नाम इससे पहले भी सुना था। कुछ और विस्तृत परिचय चाहा तो जोतवाणी जी ने बताया कि लक्ष्मण दुबे हिंदी में ग़ज़लें कहते हैं और आजकल गुजराती से उमर ख़य्याम की रुबाइयों का अनुवाद कर रहे हैं। मेरी लक्ष्मण दुबे से तुरंत मिलने की इच्छा स्वाभाविक थी। जोतवाणी जी से अनुरोध किया कि जितनी जल्दी संभव हो उनसे मुलाक़ात होनी चाहिए। शीघ्र ही जोतवाणी जी के साथ उनसे भेंट हुई और उन्होंने बताया कि गुजराती कवि शून्य पालनपुरी के गुजराती अनुवाद से उन्होंने हिंदी में उमर ख़य्याम का रूपांतरण किया है।

इसके बाद लक्ष्मण दुबे के साथ कई बैठकें हुईं तथा उमर ख़य्याम, उनकी रुबाइयों तथा अनुवाद पर खुलकर चर्चा हुई। इससे पहले मेरी नज़र से हिंदी में श्री सुमित्रानंदन पंत की 'मधुज्वाल', बच्चन की 'ख़य्याम की मधुशाला' और उर्दू में प्रो. वाक़िफ़ मुरादाबादी के अनुवाद गुज़र चुके थे। अंग्रेज़ी में एडवर्ड फिट्ज़जेरल्ड का अनुवाद भी कई बार पढ़ चुका था। देहरादून में श्रेष्ठ कवि कैलाश भारद्वाज द्वारा शुरू किए गए उमर ख़य्याम की रुबाइयों के अनुवाद पर मुग्ध हो चुका था। पंत जी ने असग़र गोंडवी की सहायता से फ़ारसी से हिंदी में अनुवाद किया था। प्रो. वाक़िफ़ ने भी फ़ारसी मूल से उर्दू में अनुवाद किया था। अंग्रेज़ी अनुवाद करने की सीमा यह रही कि बच्चन जी को अंग्रेज़ी अनुवाद से बँधकर चलना पड़ा और उन्हें फिट्ज़जेरल्ड द्वारा अनूदित पचहत्तर रुबाइयों का अनुवाद करके ही संतोष करना पड़ा। पंत जी ने असग़र साहब से उमर ख़य्याम की अधिकांश रुबाइयाँ सुनीं, इसलिए उन्होंने एक सौ इक्यावन रुबाइयों का अनुवाद किया। शून्य पालनपुरी ने एक सौ अट्ठावन रुबाइयों का अनुवाद गुजराती में किया है। इस लिहाज़ से लक्ष्मण दुबे को बच्चन जी की तुलना में दुगुने से भी अधिक रुबाइयों को अनूदित करने का अवसर मिल गया। कहना होगा कि लक्ष्मण दुबे हिंदी में उमर ख़य्याम की रुबाइयों का अनुवाद करनेवालों में थोड़ा और आगे निकल गए हैं।

मौलिक की तुलना में अनुवाद उस समय बराबर के महत्त्व का अधिकारी बन जाता है जब अनुवादक मूल-संवेदना और कथ्य को संपूर्ण काव्यात्मक सौंदर्य के साथ ज्यों का त्यों प्रस्तुत कर दे। रचना यद्यपि मूल रचनाकार के नाम से ही प्रसिद्धि पाती है तथापि अनुवादक और अनुवाद की अनुगूँजें भी कम महत्त्वपूर्ण नहीं होतीं। सन् 1935 में जब 'ख़य्याम की मधुशाला' के नाम से जब बच्चन का पद्यबद्ध रूपांतर प्रकाशित हुआ तो बच्चन भी 'कितने दिनों के लिए' एक उमर ख़य्याम बन गए थे। यही कारण है कि बच्चन के अनुवाद के माध्यम से उमर ख़य्याम को और व्यापक रूप से जाना गया। इसी दौरान पंडित बलदेव प्रसाद मिश्र, मैथिलीशरण गुप्त, मुंशी इक़बाल वर्मा 'सेहर', गया प्रसाद गुप्त के अनुवाद भी चर्चा में आ चुके थे। पंत जी इससे भी पहले 'मधुज्वाल' के नाम से अनुवाद कर चुके थे। मगर पंत जी का अनुवाद उनकी समस्त कोमल और स्निग्ध शब्दावली के बावजूद लोकप्रिय न हो सका। पंत जी के अनुवाद में एक विसंगति यह भी थी कि चार-चार पंक्तियों का अनुवाद उन्होंने कहीं-कहीं छः-छः और आठ-आठ पंक्तियों में किया था। इसके अलावा हिंदी में अनेकानेक कवियों ने उमर ख़य्याम की मस्ती, मादकता, अल्हड़पन, राग-विराग और जीवनदर्शन को अपने शब्दों में उतारने का प्रयत्न किया है।

वर्षों के अंतराल के बाद उमर ख़य्याम लक्ष्मण दुबे के माध्यम से एक बार फिर हिंदी में आ रहे हैं। गुजराती से हिंदी में अनुवाद करना लक्ष्मण दुबे के लिए अपेक्षाकृत अधिक सरल था क्योंकि गुजराती और हिंदी दोनों ही उनकी अपनी भाषाएँ हैं। इस सुविधा के रहते उनके अनुवाद में उमर ख़य्याम अत्यंत सहज रूप में आ सके हैं। उमर ख़य्याम की मधुमयता, फक्कड़पन, चिंतन, ज्ञान-विज्ञान, दर्शन यहाँ अपनी संपूर्ण विशिष्टता के साथ मौजूद है। शून्य पालनपुरी के अनुवाद में उमर ख़य्याम फ़ारसी के माध्यम से अवतरित हुए हैं तो उसमें शून्य पालनपुरी की प्रतिभा और कला भी घुली-मिली है। उमर ख़य्याम और शून्य पालनपुरी की इस गंगा-यमुना में लक्ष्मण दुबे की सरस्वती ने इस अनुवाद को त्रिवेणी का दर्जा प्रदान किया है। यह बात भी ग़ौरतलब है कि इसमें सरस्वती कहीं भी लुप्त नहीं है, अपितु उसकी सरसता आनंदोल्लास का संचार कर रही है। लक्ष्मण दुबे के अनुवाद में गूढ़तम दर्शन को सहज आत्मीय काव्य के रूप में बयान करने का संपूर्ण सौंदर्य विद्यमान है।

मुझे विश्वास है कि कविता की दुनिया में उमर ख़य्याम और लक्ष्मण दुबे के मिले-जुले, घुले-खिले रंगों का भरपूर स्वागत होगा।

जी 261-ए, सेक्टर 22
नौएडा 201301

शेरजंग गर्ग

उमर ख़य्याम और यह अनुवाद

रूह के हर भेद को पाकर के लहराया हूँ मैं
एक पागल मौज में बहता हुआ आया हूँ मैं
बेख़ुदी के तख़्त पर बैठा हुआ हूँ दोस्तो
प्रेम-जग का बादशाह हूँ मस्तियाँ लाया हूँ मैं

ये पंक्तियाँ कहते हुए उमर ख़य्याम मेरे सामने हैं। पाश्चात्य विश्व ने उमर ख़य्याम को सुरा और सुंदरी का भोगी ही बताया है। लेकिन उमर ख़य्याम के जीवन-दर्शन की जड़ें उच्चस्तरीय सौंदर्यलोक से जुड़ी हुई हैं। उमर की जड़ें पूर्वी देशों के सूफ़ी मत और एकात्मवादी रहस्यवाद में छिपी हुई हैं। सामान्य लोगों ने उमर ख़य्याम को मात्र सुरा-सुंदरी के साथ जोड़कर उसके चिंतन और दर्शन की व्यापकता को सीमित करने का प्रयत्न किया है। उमर ख़य्याम का जीवन-दर्शन अति उदात्त था। सुंदरी और शराब की बात करनेवाले उमर ख़य्याम की इस रुबाई पर ध्यान दीजिए :

इस फ़ना के रास्ते में ज़िंदगी है इक पड़ाव,
मूर्ख ही महसूस करते व्यर्थ में इससे लगाव;
कूच करने के लिए उसके हुकम की देर है,
कौन पूछेगा यहाँ उड़ती हुई मिट्टी का भाव !

आसानी से समझा जा सकता है कि उमर ख़य्याम किस दुनिया की बात कर रहा है। इस लोक के पार की ऊँचाइयाँ झलकती हैं उसकी रुबाइयों में।

ईरानी साहित्य के आकाश का उज्ज्वलतम नक्षत्र उमर ख़य्याम—जिसका पूरा नाम हकीम उमर ख़य्याम निशापुरी है, आज विश्व साहित्य के इतिहास में अपना अनूठा स्थान बनाए हुए है। ख़य्याम उनका ख़ानदानी उपनाम है जिसका संबंध उनके पुश्तैनी धंधे ख़या-दोज़ी यानी तम्बू सीने के व्यवसाय से है। कहते हैं इनके माता-पिता बल्ख़ प्रदेश की सूफ़ी क़ौम से वास्ता रखते थे। उमर ख़य्याम का जन्म ग्यारहवीं सदी के आरंभिक काल में ईरान के खोरासान प्रदेश के निशापुर स्थान पर हुआ।

माना जाता है कि उमर ख़य्याम बहुत ही ज्ञानी थे। स्वभाव के नम्र और सीधे-सादे व्यक्तित्व के धनी थे। अपने समय के प्रख्यात दार्शनिक तथा अनेक विषयों के ज्ञाता थे।

इनकी रुबाइयाँ उन्नीसवीं सदी से यूरोप की यात्रा करती हुई दुनिया भर में एक सैलाब की तरह छा गईं। वैसे भारत में तो अकबर के समय से इनकी रुबाइयों का उल्लेख मिलता है, परंतु बीसवीं सदी में तो विश्वभर में उमर ख़य्याम की रुबाइयों का बोलबाला रहा। हर जगह इनका नाम सुरा और सुंदरी, शराब और मस्ती का प्रतीक बन गया। लेकिन उमर ख़य्याम की मस्ती अधिकांश के लिए पहेली ही बनी रही। ख़ुद उमर ख़य्याम की यह रुबाई इस बात का संकेत करती है :

हंस हूँ मैं, उच्च शिखरों से धरा पर आ रहा,
दार्शनिक बनकर धरा पर, व्योम पर हूँ छा रहा;
पर अगम के भेद का ज्ञाता न कोई भी मिला,
इसलिए मैं देश अपने आज वापस जा रहा।

इस रुबाई से साफ़ लगता है कि उमर ख़य्याम को इस बात का अनुमान था कि उसे ज़्यादातर ग़लत समझा जाएगा।

उमर ख़य्याम के नाम का प्रभाव बचपन से ही मेरे मन-मस्तिष्क पर रहा है। बढ़ती आयु के साथ-साथ उमर ख़य्याम पर विविध पुस्तकें देखने को मिलीं तो अनेकानेक स्थलों पर हृदय द्रवित हुआ। इन रुबाइयों की जीवन में गहरी पैठ थी, गूढ़ और गहन विचार थे। डॉ. हरिवंश राय बच्चन की उमर ख़य्याम की पेशकश भी बड़ी प्रभावशाली रही। अंग्रेज विद्वान एडवर्ड फिट्ज़जेरल्ड का अनुवाद विश्वप्रसिद्ध हुआ। मुझे गहराइयों तक आप्लावित किया गुजराती के मुसलमान दार्शनिक कवि शून्य पालनपुरी के अनुवाद ने। शून्य जी स्वयं एक मर्मज्ञ कवि थे। 'ख़य्याम' नामक अपने अनुवाद में शून्य जी ने उमर ख़य्याम के साथ ज़्यादा-से-ज़्यादा इंसाफ़ किया है।

उमर ख़य्याम की रुबाइयों की मेरी प्रस्तुति का आधार शून्य साहब का गुजराती अनुवाद 'ख़य्याम' ही है। मैंने भी शून्य साहब की तरह उमर ख़य्याम की रुबाइयों का प्रस्तुतीकरण रुबाई शैली में नहीं किया है अपितु मुक्तक की शैली में किया है, जो हिंदी भाषा के अधिक अनुरूप है।

उमर ख़य्याम के जीवन-दर्शन और तत्त्वज्ञान को पाठकों तक पहुँचाना ही मेरा लक्ष्य है। इस प्रयास से पाठकों का जीवनपथ किंचित भी आलोकित हुआ तो मैं स्वयं को धन्य मानूँगा।

लक्ष्मण दुबे

इक दिन सुरालय द्वार पर हमने सुनी मादक पुकार,
जाग ऐ पागल शराबी, सुबह करती इन्तज़ार,
ज़िन्दगी का क्या भरोसा कब, कहाँ पर ख़त्म हो ?
जाम भर-भर चल पियें हम, लूट लें जीवन-बहार !

–शून्य

(1)

जाग प्यारे, रंग मस्ती है लुटाती ज़िन्दगी,
इस फना के बाग़ को क्षण-भर सजाती ज़िन्दगी,
इन गुलाबी प्यालियों का तू मधुप बन पान कर,
क्या पता फिर आए या ना आए गाती ज़िन्दगी।

(2)

देख यह ऊषा नशीली छा रही संसार पर,
सूर्य की महकी निगाहों में सुरा का है असर,
वर्जना कुछ भी नहीं बरती है विधि ने जब यहाँ,
आ सुरा हम भी पियें मैदान ही में बैठकर।

(3)

दृग उनींदे खोल मेरे प्राण, ऊषा आ गई,
छेड़ वीणा, पी सुरा, उपवन में भर मस्ती नई,
फूल जितने भी खिले हैं, बस बिखरने के लिए,
लौटकर आते कहाँ जो पर्ण हैं गिरते कई।

(4)

साँझ का नभ फूल के मुख पर तना जैसे नक़ाब,
चूमने जिसको ललकता बादलों से आफताब,
पास आ जा सुन्दरी, यह नींद की वेला नहीं—
रोशनी से भर ले जीवन पीके यह रोशन शराब।

(5)

हर सुहाने भोर में कूर्कट पुकारे कह रहा,
देख ऊषा-बिम्ब में तेरा ही जीवन बह रहा,
चेत जा नादान, तेरी रात यह भी चुक गई,
सोच तो यह उम्र का है दुर्ग तेरा ढह रहा।

(6)

बहुमूल्य हीरे माणिकों की नित यहाँ लगती झड़ी,
माना, धरा है स्वर्णमय जो सामने तेरे पड़ी,
ओस के कण की तरह आया हुआ है तू इधर,
कुछ नहीं तेरा यहाँ मेहमान है इक-दो घड़ी।

(7)

माना, धरा के वैभवों का सूत्र तेरे हाथ है,
केवल धरा का ही नहीं, तू अम्बरों का नाथ है,
माना कुबेरों के सभी दौलत-ख़ज़ाने मिल गए,
जाना नहीं पर अन्त में कुछ भी तुम्हारे साथ है।

(8)

गर्वित कुबेरों या सिकंदर का नशा है कुछ पहर,
दौलतें कारून की भी रह न पाएँगी इधर,
दैव की निर्मम निगाहों से कोई बचता नहीं,
आज प्याले पर क़हर तो कल सुराही पर क़हर।

(9)

उम्र तेरी एक या दो सौ बरस या हो हज़ार,
एक दिन तो छोड़कर जाना पड़ेगा कारोबार,
तू भिखारी हो या राजा फ़र्क़ कुछ पड़ता नहीं,
अन्त में दोनों करेंगे धूल मिट्टी से सिंगार।

(10)

ज़िन्दगी है एक शापित अतिथि-घर, ओ बेख़बर !
जाल माया का बिछा है हर जगह, नादान नर,
थक के चाहेगा अगर तू एक पल भी चैन तो,
मृत्यु थामेगी तुम्हारा हाथ कहकर "चल इधर"।

(11)

सिर्फ है विश्राम-घर संसार जिसका नाम है,
कुछ घड़ी आकर हमें करना यहाँ विश्राम है,
यह सभा है सैकड़ों जमशेद औ' फरीदून की,
इधर केकाऊस रहा औ' रह गया बहराम है।

(12)

जिस महल में एक दिन रहती थी मस्ती की बहार,
अब वहाँ भूचर भयानक कर रहे निशिदिन विहार,
वनचरों को मारना या घोर वन में घूमकर जो,
आज उसकी हड्डियों से खेलते कूकर-सियार।

(13)

कल अचानक तूसका देखा पुराना राजघर,
गिद्ध मजलिस थे सजाते अस्थियों के ढेर पर,
देखकर कंकाल केकाऊस का पीड़ित हो गया,
राजवैभव और मस्ती सब न जाने हैं किधर ?

(14)

हर बली सम्राट रखता शीश जिसके द्वार पर,
उस गगनचुम्बी महल के जीर्ण शिर पर बैठकर,
कल न जाने काग को सूझा अचानक क्या मज़ाक,
शब्द 'काँ-काँ' कर बनाया मूक निर्जन को मुखर।

(15)

राह में मृदु-कंटकों ने जब भी उलझाया हमें,
प्रेयसी के अलस पलकों का ख़याल आया हमें,
जिस धूलि में राजे-महाराजे बिखरकर मिट गए,
उस धूलि ने फिर दृश्य महलों का है दिखलाया हमें।

(16)

लाली निराली ले खिला यह सुमन है जो रसाल का,
इसकी रगों में है लहू शायद किसी महिपाल का,
वन-लता पर जो विहँस कर पुलक भरता पर्ण है,
अक्स लगता है मुझे वह किस रुपहले गाल का।

(17)

सरित तट पर देखकर चादर सुहानी-सी हरी,
लगता रसीले होंठ ले उतरी यहाँ कोई परी,
इस तरह पैरों से इसको रौंद मत ऐ बावले,
एक दिन यह भी रही है पुष्प-वदना सुन्दरी।

(18)

हम न थे जब उसके पहले भी रहा जीवन-वहन,
वो ही सूरज, चाँद-तारे, हैं वही पृथ्वी-गगन,
हौले-हौले, नम्रता से धर धरा पर तू क़दम,
हैं इसी रज में मिले मृग-नयनियों के तन-बदन।

(19)

यह वसन्तों की छटा, ये फूल, घर औ' यह चमन,
चार दिन की चाँदनी है, फिर वही वीरान वन,
तू, अमित ये पुष्प ले-ले, मैं भरूँ मधु-प्यालियाँ,
यों धरा की थातियों का आ करें पालन, जतन।

(20)

सुभग दिन है, ख़ुशनुमा वातावरण शीतल पवन,
झूमते घनघोर घन, भीगा, महकता यह चमन,
सुन, पपीहा कह रहा 'पी-पी' पुकारे है तुझे,
ऐ सुमन, चल आज मदिरा से निखारें हम बदन !

(21)

मेघ चुम्बन से धरा के गर्भ में उठती लहर,
प्रेम-गन्धों से महक उठता हृदय का शून्य-घर,
उनकी प्यासों के लिए कुछ प्यालियाँ छलकाइये,
हरित चादर ओढ़कर सोए हुए हैं जो इधर।

(22)

रोके वर्षा ने निकाला आज अंतर का विषाद,
हर दिशा कहती उड़ाओ रंग, आनंद, आह्लाद,
अबके सावन यार, आओ झूमकर जी लें ज़रा,
धूल इस मैदान की कल हम बनेंगे निर्विवाद।

(23)

रौंदते देखी जो माटी हमने उस कुम्हार से,
हृदय भर आया हमारा क्रूर अत्याचार से,
व्यग्र माटी कह उठी कुम्हार से रे मूढ़ नर–
"भूल मत मैंने बनाया था तुझे किस प्यार से !"

(24)

कल मिला कुम्हार मुझको बेख़बर अंजाम से,
चाक पर बैठे उसे था काम अपने काम से,
रंक के कर और राजा का मिलाकर शीश वह,
आदमी को गढ़ रहा था किस क़दर आराम से।

(25)

जाम के ख़ालिक, बना नादान कैसे इस क़दर ?
रौंदता है तू जिसे इन्सान है वह बेख़बर,
सर है आलमगीर का तो पैर डाले अकबरी,
चाक पर क्या-क्या धरा है देख तो ले इक नज़र।

(26)

इक सुराही मोल लेने का उठा दिल में विचार।
जा दूकां में, ठोककर देखे जो बरतन आर-पार।
इक सुराही ने कहा—लो, ढेर से, जो भी जँचे,
कोई व्यापारी, कोई ग्राहक, तो कोई है कुम्हार।

(27)

कल कुम्हारों के मुहल्ले में गया था पहर भर,
पिंड माटी के उभरते देखे मैंने चाक पर,
दिव्य रचना में अजब कौतुक नज़र आया हमें,
हो रही कारीगरी थी पूर्वजों के देह पर।

(28)

एक दिन प्याले ने हँसकर के कहा—"नादान नर;
ये अधर भी थे तुम्हारी ही तरह सुन्दर अधर,
आज लेकिन उनकी हस्ती की कोई बस्ती नहीं,
कल तुम्हारे साथ क्या होगा कहाँ किसको ख़बर।"

(29)

जाम होठों से लगाया था महज़ इक आस पर,
हो उठेगी उम्र इससे और भी कुछ दीर्घतर,
जाम बोला—"मौज कर ले यार तू दो दिन यहाँ,
जी चुका हूँ मैं तुम्हारी ही तरह जीवन-सफर।"

(30)

कल तनिक आवेश में फेंका धरा पर जाम को,
ख़ूब पछताता रहा फिर देर तक मैं शाम को,
जाम बोला—"इस तरह मग़रूर हो मत आदमी,
जी चुका सौ बार मैं भी आदमी के नाम को।"

(31)

यह कलष भी लग रहा होगा कोई प्रेमी बड़ा,
मेरी तरह निज प्रेमिका के अलक-जालों में अड़ा,
यों गले में डाल बाँहें गुमशुदा मदहोश-सा,
यार के पहलू में क्यों यह इस तरह रहता पड़ा।

(32)

वक़्त का यह क़ाफ़िला ऐसे ही चलता जाएगा,
जीर्ण चोला देह का तज प्राण गलता जाएगा,
जिसने भी मस्तक उठाया, गर्व से पागल बना,
वो सिकंदर की तरह ही हाथ मलता जाएगा।

(33)

मैं महाबलि पुष्प हूँ इस वाटिका का प्राण-धन,
अति अधिक सौन्दर्यशाली मैं प्रभा का एक कण,
सिद्ध करने को कहा तो हँस दिया कहते हुए—
"देख लो ना रक्त-रंजित वस्त्र रखे हैं पहन।"

(34)

फूल बोला—किस कदर सुन्दर बना मेरा बदन,
फिर भी क्यों दुनिया किए जाती है मेरा यों दमन,
गीत गाती कोकिला ने यों दिया उसको जवाब—
''एक दिन के हास का बदला है बरसों का रुदन।''

(35)

यह सकल ब्रह्मांड समझो ज्योति का उद्‌गम अगम,
औ' धरा है दीप जैसी, सूर्य जिसमें वर्तिका सम,
हम सभी हैं ज्योति-छाया से विभूषित चित्र-से—
घूमते हैं आस का थामे हुए आँचल परम।

(36)

जग नियन्ता से मिले यदि इस जगत् का कारोबार,
मौसमों से छीन लूँ मैं भाग्य का निर्मम करार,
और फिर ऐसी रचूँ दुनिया कि जिसमें सर्व-जन,
लूट पाएँ ज़िन्दगी की मस्तियों की हर बहार।

(37)

जानेमन है बुलबुलों जैसी हमारी ज़िन्दगी,
जिस्म दो हैं, एक ही पर है हमारी ज़िन्दगी,
वक़्त की इस क़ैद में मजबूर हम बैठे हुए,
वक़्त के बाहर मिलन ही है हमारी ज़िन्दगी।

(38)

यह ज़माना तो दिलों को तोड़ने बैठा इधर,
मोहिनी, मदिरा पियें चल साथ में हम बैठकर,
जब जुदाई की घड़ी नज़दीक आएगी सनम,
दुष्ट यम देगा नहीं पीने को जल भी घूँट-भर।

(39)

सारे संकट हैं ख़याली, है ज़रूरी जागना,
मूढ़ता है सिर्फ़ सपनों की तरफ़ यों भागना,
चार दिन की ज़िन्दगी आनन्द है, आनन्द कर,
भाग्य की चौखट पे क्यों यों शीश धुनना, माँगना।

(40)

कठपुतलियों के खेल का तख़्ता हमारी ज़िन्दगी,
विधि के इशारों का निराला खेल सारी ज़िन्दगी,
भूमिका जितनी है उतना खेल चलता जाएगा।
फिर अँधेरों में चली जाएगी प्यारी ज़िन्दगी।

(41)

आवागमन के, इस जगत् में सिर्फ दो ही द्वार हैं,
मृत्यु-पीड़ा के जहाँ तैनात चौकीदार हैं,
जो रहे इस विश्व में जैसे रहे जल में कमल,
केवल वही जीना सही, बाकी सभी लाचार हैं।

(42)

छानकर हम धूल दुनिया भर की आए हैं इधर,
रौंद डाली हैं कई आकाश-सागर की डगर,
राह लेकिन वो किसी ने भी न दिखलाई हमें,
लौटकर आते नहीं जाकर सभी जिस राह पर।

(43)

कब तलक बहकाएगा यह रंग-खुश्बू का भरम,
कब तलक नेकी-बदी के भेद में भटकेंगे हम ?
भाव अमृत और विष का ज़िन्दगी के साथ है,
धूल ही है ज़िन्दगी का आख़िरी सच्चा मरम।

(44)

भाग्य है वह दंड जिसका काम है केवल प्रहार,
हैं बिचारे प्राण गिल्ली, मार खाते बार-बार,
उफ न कर यह खेल जिसने है रचा संसार का,
है वो ही, बस मात्र वो ही कारणों का जानकार।

(45)

बावलों की भाँति भटकें यह न होना चाहिए,
भाग्य शुभ हो या अशुभ हर्गिज़ न रोना चाहिए,
व्योम के शतरंज में पुरुषार्थ के हैं मोहरे,
खेल में जैसे बने बस खुद को खोना चाहिए।

(46)

उर्वशी-सा रूप उज्ज्वल, कमल-दल जैसे नयन,
केश सुरभित, गाल रंजित, पुष्प-सा मोहक बदन,
अन्त जिसका धूल है उस ज़िन्दगी का हे प्रभो !
किसलिए शृंगार इतना, किसलिए पालन-जतन।

(47)

जिसके सर्जन में रचयिता प्राण अपने डालता,
फिर हज़ारों युक्तियों से वह उन्हें है पालता,
किसलिए इतने सलोने लोग खुद ही जोड़कर,
मौत के फन्दे में उनको डालकर यों टालता।

(48)

काल के पाँवों की धूसर जो न बनता एक दिन,
क्या कभी पैदा हुआ है बाग़ में ऐसा सुमन ?
जल के बदले व्योम पर जो धूलि लहराने लगे,
पूर्वजों के रक्त से ही भीगता हर एक तन।

(49)

अपनी मर्ज़ी से नहीं लाया गया मुझको इधर,
मेरी मर्ज़ी क्यों चले फिर ज़िन्दगी की राह पर,
मेरा बस चलता न आता, या तो फिर जाता नहीं,
व्यर्थ है आवागमन औ' यह विनाशों की डगर।

(50)

शत्रु अफवाहें उड़ाते हैं कि हूँ मैं ज्ञानमय,
कौन हूँ यह तो जताएगा हमें केवल समय,
इस जगत् में जन्म लेकर आ गए हैं तो चलो–
क्यों न पहचानें सुकोमल मानवों का हम हृदय !

(51)

मैं सुरा और सुन्दरी का मान्य दीवाना रहा,
ज़िन्दगी के खुशनुमा रूपों का परवाना रहा,
तुम मुझे अच्छा कहो या बद कहो परवा नहीं,
मैं ज़माने में ज़माने से हूँ बेगाना रहा।

(52)

ईश्वरी सर्जन के पीछे मुख्य कारण एक मैं,
देह का आधार जो वह ज्योति का कण एक मैं,
यह सकल संसार मानों इक अँगूठी-सा बना,
मध्य में जिसके सुशोभित नग विलक्षण एक मैं।

(53)

प्रेम जग में वन्दना के योग्य मेरा नाम है,
रात दिन पूजूँ सुरा को बस यही इक काम है,
मैं सुरालय की रगों में प्राण बनकर दौड़ता—
विश्व सारा है सुराही, देह मेरा जाम है।

(54)

क्या हठीले होश थे, थी क्या अटल हुंकार भी,
अगम भेदों को समझती पोथियों का सार भी,
पर समझ में जब समझदारी सही आई हमें—
जान पाया, जानता तो हूँ नहीं तिल भार भी।

(55)

सच कहूँ तो यह जगत् है एक मनभाया भरम,
इस महाजंजाल का दिल में कभी रखना न ग़म,
दर्द को दिल में जगह दो एक नज़राना समझ,
मिट नहीं सकती विधाता ने चलाई जो कलम।

(56)

काश इस संसार में होते सुखों के दौर कुछ,
ज़िन्दगी का हर शिखर छूते हुए सिरमौर कुछ,
चाहे सदियों के अन्धेरे घेर बैठे हों हमें,
धूल से ऊपर उभरते स्वप्न होते और कुछ।

(57)

व्यर्थ शंकाएँ करो या अर्थ का विघटन करो,
इनका सहज जो सार है कैसे वो झोली में भरो,
शब्दजालों में भटक कर कब मिला है रास्ता—
ब्रह्म पाओगे, विरत हो ध्यान तुम मेरा धरो।

(58)

एक बुत ने एक पूजक से कहा—ओ भक्त-जन !
क्यों भटकता, मात्र श्रद्धा में हुआ इतना मगन,
तेरे घट में ज्योति पावन जो रमी है रात-दिन—
तू उसी का अंश है करता मुझे तू क्यों नमन ?

(59)

काल के कटु कंटकों का दंश दिल पर खाइए,
प्रेम रूपी पुष्प को अधरों से तब छू पाइए,
खेलती है जिस तरह कंघी प्रिया के केश से,
देह का हर रन्ध्र कंघी की तरह कटवाइए।

(60)

शून्य-जल से मेरे अन्तर-बीज का सिंचन हुआ,
वेदना की आग से फिर प्राण का पालन हुआ,
मैं हवाओं की तरह भटका किए हूँ दर-ब-दर—
काश, यह भी जानता किस धूलि से सर्जन हुआ।

(61)

प्राण अपनी अगम लीला में हैं तत्पर, देख लो,
बन गया है बात का कैसा बतंगड़, देख लो,
अस्ल में तो एक है जल, बुलबुला हो या लहर,
नित नए यह रूप धरता है समन्दर, देख लो।

(62)

ईश है यदि प्राण तो है सृष्टि उसका दिव्य-तन,
ज्ञान के हर तन्तु से चेतन बने हैं देव-जन,
इन महाभूतों से निर्मित जीवगण हैं देहधरी—
है यही अद्वैत, बाकी व्यर्थ बातें, मूर्ख मन।

(63)

हो सके तो छोड़ दे मिथ्या जगत् की तू फिक़र,
नाचते गाते हुए हम तय करें जीवन-सफ़र,
कौन लेकर साथ में धन और दौलत है गया ?
त्याग ममता, दानकर कुछ, पी सुरा औ' मौज कर!

(64)

इक सयाने ने कहा कल ख्वाब से मुझको जगाकर,
मौत औ' विश्राम में होता नहीं कुछ फ़र्क़-अन्तर,
जाग ग़ाफिल, ज़िन्दगी को रोशनी से भर लबालब—
एक दिन सोना पड़ेगा मृत्यु के ही बिस्तरे पर।

(65)

क्यों करूँ सुख की तमन्ना मैं क्षणिक संसार में,
बह गए महिपाल कितने इस लहू की धार में,
कुछ न पूछो अर्थ जीने का हमारा दोस्तो—
छलकपट और दम्भ ही है इस भरम व्यापार में।

(66)

दिन चला है बीत फिर भी व्यर्थ उसकी याद क्यों?
आने वाले कल की करता आज तू फरियाद क्यों?
व्यर्थ क्योंकर नष्ट कर दें आज का हम एक क्षण?
जो नहीं है उसके पीछे हो रहे बरबाद क्यों?

(67)

जीविका की रात और दिन की फ़िकर तू छोड़ दे,
कष्टमय 'जीवन की, राही हर डगर तू छोड़ दे,
आ सयानों की तरह हम ज़िन्दगी जीकर मरें—
पी सुरा और नाच गा, ग़म का सफर तू छोड़ दे।

(68)

ओढ़कर बैठा है क्यों तू मौत की परछाइयाँ?
बेवजह पैदा किए जाता है क्यों तनहाइयाँ!
जिस्म तो कीचड़ का इक फैला हुआ तालाब है,
डूबकर उसमें किए जाता है क्यों रुस्वाइयाँ?

(69)

एक रोटी और मदिरा से भरी हो एक बोतल,
शान्त निर्जन में प्रिया गाती हो वीणा पर ग़ज़ल;
जिन सुखों के वास्ते तरसे हैं राजेश्वर यहाँ;
उन सुखों को भोगता हूँ मैं यहाँ हर एक पल !

(70)

एक दो रोटी के टुकड़ों पर जो कर दे दिन तमाम,
पाँव फैलाने की ख़ातिर आस्ताँ से जिसको काम;
जो किसी का भी नहीं है दास या स्वामी यहाँ,
उस महानर को करेंगे झुक के हम सौ-सौ सलाम।

(71)

एक रोटी दो दिनों में भी मिले जो आमरण,
तृषित होठों के लिए हों निर्झरों के शीत-कण;
क्यों करें हम दीन बनकर यों किसी से याचना ?
क्यों दबाएँ स्वार्थवश हम क्षुद्र मानव के चरण ?

(72)

जब तलक तेरी रगों में दौड़ती जीवन-अगन,
भाग्य बल से तू बना ले आत्मगौरव को गहन;
मत झुकाना शीश तू दुश्मन अगर रुस्तम भी हो,
दोस्त हातिम-सा हो फिर भी उसका आभारी न बन।

(73)

है पुरुष वो जो कलाओं में निपुण, निष्णात हो,
हो बहुत ऊँचा घराना या कि ऊँची जात हो,
आज लेकिन इन गुणों का मूल्य गिरता जा रहा,
धन कमाओ, धन-रहित कोई न ऊँची बात हो!

(74)

दोस्त हो लायक तो उस पर जान भी कुरबान है,
उसके क़दमों पर झुकाना सर भी सच्ची शान है;
इस धरा पर तू जहन्नुम देखना गर चाहता,
दोस्त घटिया ही नरक का निम्नतम सामान है।

(75)

दोस्त और दुश्मन उभय से प्यार का व्यवहार कर,
कंटकों के बीच हँसते फूल का तू ध्यान धर;
दोस्त दुश्मन ही तो बन जाता है दुर्व्यवहार से,
और दुश्मन दोस्त बन जाते भले बरताव पर।

(76)

ज्ञान की मदिरा ही साकी, बस हमारी शान है,
पाप है पीना, जहाँ फैला हुआ अज्ञान है;
धूल है अवतार मानव का यहाँ पर ज्ञान बिन,
सच कहूँ तो जन्म का पर्याय केवल ज्ञान है।

(77)

है सुरा संजीवनी इसमें नहीं कोई गुमान,
इसका जो सेवन करे रहता है वह नित नौजवान;
आग वाला है असर यों तो सुरा की धार में,
जो पचा पाया उसी के वास्ते अमृत समान।

(78)

गर सुरा पीनी ही है, पी साथ में निज आन के,
हो प्रिया या मित्र या फिर साथ में गुणवान के;
खूब पी कर व्यर्थ में जग का तमाशा तू न बन,
थोड़ी मगर चुपचाप पी, पर संग होशो-शान के।

(79)

कौन, कितनी, साथ किसके और कब मदिरा पिएँ ?
चार उत्तर जानते जो शौक से मदिरा पिएँ,
यों तो मज़हब में सुरा का पान वर्जित है मगर,
हक़ है ऐसे ज्ञानियों को मुक्त हो मदिरा पिएँ।

(80)

सूर्य की पहली किरण चूमे धरा को जिस घड़ी,
होंठ से तू भी लगा ले प्यालियाँ ये मद भरी;
है सुरा, सबसे बड़ा सच, इसमें कोई शक नहीं,
सब बताते हैं कि सच्चाई बहुत कड़वी रही।

(81)

है सुरा, तू इस जगत् में परम-सुख का अवतरण,
बेड़ियाँ बनकर जकड़ती बुद्धि के सचमुच चरण;
दंभ औ' पाखंड की देती उड़ा तू धज्जियाँ
तू है मानव के लिए मानों कोई दर्पण-रतन !

(82)

मैंने पी तो सब किए जाते हैं मुझसे इक सवाल,
"धर्म की मदिरा है दुश्मन, यह भी आता है ख़याल ?"
सब हरीफों को दिया करता हूँ मैं उत्तर विनम्र
"रक्त दुश्मन का तो पीना धर्म में भी है हलाल।"

(83)

जिस घड़ी गूँजें चमन में बुलबुलों के मस्त सुर,
जाम के संग घोलना साक़ी, ग़ज़ल का रस प्रचुर;
गर बिना संगीत के पीना हुआ करता सहज,
क्यों सुराही कंठ से स्वर फूटते कल-कल मधुर ?

(84)

विश्व भर ढूँढ़ा किए जमशेद का प्याला व जाम,
चैन, सुख, आराम खोए और भटके सुबहो-शाम;
इक सयाने ने बताया तत्त्व जब उस जाम का,
मैंने खुद ही में छिपे पाये हैं वो लक्षण तमाम।

(85)

धर्म-आज्ञा को बराबर रख रहे हैं ध्यान में,
स्पर्श तक की क़सम खाई जाम को रमज़ान में;
ईद के दिन तक रहे जिसका नशा, उतनी सुरा,
डट के पी लें, आख़िरी दिन, यार हम शाबान में।

(86)

श्रेष्ठ से भी हो भले कुरआन-वाणी श्रेष्ठतर,
पर नहीं देखा पठन उसका सतत आठों पहर
दिव्य-वाणी का असर ऐसा पड़ा कुछ जाम पर,
हो रहा उसका मनन है हर घड़ी, हर स्थान पर।

(87)

मृदु सुरा रहने नहीं देती निपट अभिमान को,
मुक्त रखती है जहाँ के बन्धनों से जान को;
घूँट भर भी यह सुरा शैतान पी लेता अगर–
रात-दिन सिज्दे किया करता फक़त इन्सान को।

(88)

आज नाटक में नया ही रंग-निष्पादन करूँ,
जाम के दो घूँट भर जीवन में परिवर्तन करूँ,
धर्म त्यागूँ बुद्धि को झटपट करूँ मैं रामराम,
द्राक्ष-कन्या चल, तुम्हारा हाथ मैं धारण करूँ।

(89)

हो जहाँ साक़ी, सुरा, सरिता, सुमन हम भी वहाँ,
रंग-रागों में रहे डूबा हमारा आशियाँ;
जब से हूँ औ' आज भी और जब तलक रहना मुझे,
पी के झूमूँ, मस्तियों से भर चलूँ सारा जहाँ।

(90)

मौत आने से प्रथम इतनी पियूँगा बैठकर,
जिस्म का कण-कण महक जाये सुरा का ले असर;
हो उठे पागल हिरण-सा पाके कस्तूरी सुगन्ध,
कोई प्यासा मय का दीवाना अगर आए इधर।

(91)

काल के निर्मम करों से दुर्ग-तन ढह जाय ना,
देह मेरी भी समय की धार में बह जाय ना;
ओ सुरा, परित्याग कर सत्वर सुराही का मज़ार
प्राणदायी शक्ति तेरी रह जाय ना!

(92)

खूबसूरत ज़िन्दगी होने से पहले पायमाल,
छोड़कर ग़म, देख ले मदिरा की प्याली का कमाल;
तू नहीं ऐसा खज़ाना जिसको दुनिया भर के लोग
गाड़कर गहरे धरा में फिर कभी लेंगे निकाल।

(93)

शुद्धता मन की रहे यों जाम का सेवन किया,
पाप धोकर इस सुरा से पुण्य का पालन किया;
ज्ञान के पीछे गँवायी जो जवानी रात-दिन,
उस जवानी का सुरालय में पुनः दर्शन किया।

(94)

कौन कहता मस्त लोगों का है जीवन स्वार्थ-पर ?
धर्म का प्रेमी वही जो मस्तियों से तरबतर,
प्रेम-दीवाने अगर पापी कहे जाते रहे–
स्वर्ग में कल मात्र कौवे उड़ रहे होंगे निडर।

(95)

जग की महफिल में सुरा के अब वो दीवाने कहाँ?
मस्त लोगों की खुमारी, नाच और गाने कहाँ?
जो सलीके से पिएँ, बैठे हैं वो तौबा किए,
रोशनी पे मिटने वाले अब वो परवाने कहाँ?

(96)

व्योम है लीला हमारे व्यर्थ बीते श्वास की,
यह नदी है याद केवल अश्रु के इतिहास की;
नर्क शोला है निगोड़े दर्द का, सन्ताप का,
स्वर्ग है इक दो घड़ी बस आन्तरिक उच्छ्वास की।

(97)

स्वर्ग का हक़दार हूँ मैं या कि रौरव नर्क का?
बाद मरने के कहाँ जाऊँगा मुझको क्या पता?
इसलिए तो यह सुरा, साकी ये सरिता औ' सितार—
मुझको हरदम चाहिए, तुझको मुबारक वायदा।

(98)

चाँद, साकी, मद का प्याला सरित-तट, निर्मल गगन,
है हमारे वास्ते यह स्वर्ग का वातावरण;
क्यों भला हम मानने लग जायँ कल्पित विश्व को ?
क्यों न जी लें आज को, हम छोड़कर कल का सपन ?

(99)

कह रहे सब, स्वर्ग में है अप्सराओं का मिलन,
हर जगह मधुमय सुरा-सरिताओं का है अवतरण;
बाद मरने के अगर मिलना यही सब है हमें—
क्यों न अब से ही लगा लें ये सभी मधुरिम व्यसन?

(100)

कह रहे सब –"परम-सुख का एक साधन-सुन्दरी";
मैं कहूँ, बिल्कुल नहीं, बस एक प्याली मदभरी;
रोकड़ा देकर उछालो, दीन माँगे हैं उधार,
दूर की आवाज़ में छलना, ग़ज़ब जादूगरी।

(101)

कह रहे हैं स्वर्ग है आनन्द की अद्‌भुत बहार,
बह रहे हैं स्वर्ण झरने भी सुरा के बेशुमार;
मानता हूँ, दो मगर इक जाम मधुमय हाथ में,
रोकड़ा है एक बेहतर, फिर मिले सौ सौ उधार।

(102)

तुझसे, ओ धार्मिक, हमारा होश सबसे बाख़बर
है नशे में भी ज़माने की हमें ज्यादा ख़बर;
तू पिए मानव का लोहू, मैं पियूँ अंगूर-रस,
कौन ज़्यादा क्रूर, ज़ालिम, तू स्वयं ही न्याय कर !

(103)

तू है गर्वित क्योंकि मदिरा मान बैठा तू हराम,
हँस रहा क्यों एक दीवाने के कर में देख जाम ?
एक अदना-सी ख़ता है यह हमारा मद्यपान,
सैकड़ों अवगुण किए बैठे हैं तुझको तो गुलाम।

(104)

ऐ मेरे उपदेश-कामी, बस, जरा, उपकार कर,
न्याय ही होता है प्रभू दरबार में, एतबार कर;
वक्र-द्रष्टा ! हम तो सीधी राह पर ही चल रहे,
दोषयुत है दृष्टि तेरी, उसका कुछ उपचार कर।

(105)

एक दिन वारांगना से धर्मरक्षक ने कहा—
''पापमय जीवन तुम्हारा उफ ! बड़ा कलुषित रहा;''
नार बोली—''मैं तो जो भी हूँ खड़ी हूँ सामने,
झाँक तो ले दिल में तेरे कीच है कितना बहा !''

(106)

सुन्दरी के सप्तरंगी स्वप्न का करते सफर,
कुछ सफलता के नशे के गर्व में डूबे इधर;
मानते हैं सब यही तेरे निकट वो हैं बहुत,
असलियत ये है कि तुझसे दूर रहते हैं मगर।

(107)

धर्म के कारण हुए कुछ लोग नाहक बेक़रार,
कुछ बिचारे संशयों के हैं बने निशि-दिन शिकार;
इन सभी गुमराह लोगों को ज़रा समझाइए,
आ रही है नित अगम से 'नेति-नेति' की पुकार।

(108)

नेत्र तेरे जब हमेशा के लिए मुँद जाएँगे,
लब सिलेंगे, हाथ चाहे भी नहीं हिल पाएँगे;
कौन देगा अगम देशों की ख़बर इस हाल में ?
मौत के यमदूत जब तुझको बुलाने आएँगे !

(112)

कौन है निष्पाप जग में आ ज़रा दिखला मुझे,
पाप बिन कैसे जिया जा सकता है, यह समझा मुझे;
मैं बुराई जो करूँ, उसकी सज़ा तू सख्त दे
तुझमें मुझमें फ़र्क़ कैसा रह गया, बतला मुझे ?

(113)

भाग्य विधि ने लिख दिया जाने यहाँ क्या सोचकर,
कर्म की लीला रची है करके मुझको बेख़बर;
उसकी मर्ज़ी के बिना क्या कुछ भी कर पाया हूँ मैं ?
अपने सब कर्मों का लेखा दूँगा किस आधार पर ?

(114)

मेरे कर्मों का लिया जब जाएगा मुझसे हिसाब,
पाप हो या पुण्य, दीखूँ मैं खुली कोई किताब,
नेक जो होऊँ तो मुझको स्वर्ग मिलना चाहिए,
यदि बुरा कहलाऊँ तो मत भूलिए, देना शराब।

(115)

व्यर्थ बातों में समूची ज़िन्दगी कर दी तमाम,
श्वास भी कलुषित किए औ' अन्न भी खाया हराम;
राह जो तूने बताई छोड़कर बेहाल हूँ,
दे मुझे मालिक सज़ा, मेरे गुनाहों का इनाम।

(116)

सब गुनाहों पर ओ मालिक कर दया की तू नज़र,
अन्धकारों को भगा दे प्रेम की आभा प्रखर,
स्वर्ग यदि देता है मेरी भक्ति के बदले मुझे,
मेहनताना तो मिला, बख्शीस लेकिन है किधर ?

(117)

मौत हो या ज़िन्दगी हो, हैं तेरे दोनों गुलाम,
भाग्य के अश्वों की थामे, है तेरी मर्ज़ी लगाम;
मैं अगर दुर्जन बना, मेरा नहीं कुछ दोष है,
तू ही सर्जक सर्वजन का, होगा यह तेरा ही काम।

(109)

दिल के ज़ख़्मों को जगत् के सामने क्या खोलना ?
क्यों भला अनमोल हीरे पत्थरों से तोलना;
हाले-दिल तेरे सिवा सबको सुनाना जो पड़ा,
मौत बेहतर, बोल लेकिन एक भी मत बोलना।

(110)

नेपथ्य में अदृश्य रहकर गा रहा है गीत तू,
मंच के ऊपर उपस्थित रह भी कालातीत तू;
ओ अगम लीला के सर्जक, स्पष्ट है तू सामने,
दृश्य, द्रष्टा, दृष्टि सब का ही बना है मीत तू।

(111)

क्यों छलकता जाम तोड़ा, तू प्रभो, निर्मम बड़ा,
मस्तियों के द्वार सारे बन्द करने पर अड़ा;
धूलि में बहुमूल्य मदिरा क्यों मिलाई, सच कहूँ ?
माफ़ करना, आज के दिन तू भी है [illegible] खड़ा।

(118)

फट पड़ेगा जिस घड़ी भीषण प्रलय से यह गगन,
श्यामवर्णी हो चलेंगे जब दमकते ज्योतिकण;
उस समय पूछूँगा तुझसे थामकर आँचल तेरा,
"क्यों किया मासूम शिशु का ओ दयामय, यों हनन ?"

(119)

मेरे सिर से बोझ चिन्ता का हटा लो हे प्रभो,
हर बदी को आसरा देकर बचा लो हे प्रभो;
कल मुझे देना सज़ा तुझको दयामय जो जँचे,
इस दुखी मन को शरण में अब समा लो, हे प्रभो।

(120)

तू ही मेरा मुक्तिदाता, खोल मंगल-द्वार तू,
तू पिता, तू मार्गदर्शक, इस दुःखी का प्यार तू;
इसलिए तो आसरा कोई न दूजा चाहिए,
बेवफा संसार में है एक सच्चा यार तू।

(121)

सूक्ष्म कीटक देह तेरी शक्ति से भरपूर है,
चींटियों की सूक्ष्म आँखों में भी तेरा नूर है;
तू ही गुरुतम शक्ति का स्वामी सकल संसार में,
अवगुणों से तेरी हस्ती नाथ, हरदम दूर है।

(122)

जिसके संकेतों से ऋतुओं का हुआ आवागमन,
तीन लोकों का जो ज्ञाता जानता है सबका मन;
कैसे उसको तू अन्धेरे में भला रख पाएगा—
जो अलौकिक जगनियन्ता है सभी का प्राण-धन !

(123)

मेरी हस्ती है तुम्हारी ही कला का विस्तरण,
सौ बरस की ज़िन्दगी है तात, तेरा ही सर्जन;
कौन जीतेगा? मेरे अपराध या तेरी दया?
देख लूँगा, दे मुझे तू सौ बरस का बाँकपन!

(124)

मन से ना उलझूँ तो इस पापी अधम का क्या करूँ ?
हो चुके दुष्कर्म जो भी, उनके ग़म का क्या करूँ ?
मानता हूँ तू दयामय माफ़ कर देगा मुझे,
पाप करते तूने देखा उस शरम का क्या करूँ?

(125)

भग्न दिल को माफ़ कर, बन्दी जिगर को माफ़ कर,
प्राण तड़पाती हुई प्यासी नज़र को माफ़ कर,
कर दया यदि लड़खड़ाते हैं चरण, मेरे खुदा,
प्यालियों को छू रहे निर्दोष कर को माफ़ कर !

(126)

इस शरीरी राख का सुन राज़ तू ए बेखबर,
एक बहुरंगी तमाशा ज़िन्दगी का यह सफर;
देव, दानव, ईश, मानव या कि पशु के रूप में
जो भी बनना है तुझे, निर्भर है तेरे कर्म पर।

(127)

प्रेम का मन्दिर है यह दिल तोड़ दे सारे भरम,
बाअदब आना यहाँ बह जाएगा सारा अहम;
मिट गए तो जीत जाओगे ये बाज़ी जन्म की,
सारे झगड़े हो सकेंगे एक ही पल में ख़तम।

(128)

यह तो पागल मस्तरामों की है महफिल ए जनाब,
स्वप्नमय जामों में छलकी है हकीक़त की शराब;
इस सुरालय में चले आना न कोई खेल है
चाहिए आने से पहले इक कलन्दर का ख़िताब।

(129)

मत कहो हमको मुसलमां, इश्क के क़ाफिर हैं हम,
तन भले कमज़ोर है पर मन से ज़ोरावर हैं हम;
बेचते फिरते नहीं ईमान को बाज़ार में,
दिल के मोती-मानिकों के शाह-सौदागर हैं हम।

(130)

कुछ अजब-सा हाल मेरा प्रेम के कारण हुआ,
जो भरा सामान वो भी उनको ही अर्पण हुआ;
इश्क़ में संसार सारा राख जलकर हो गया,
दिल जला तो ग़म ही फिर इस आग का ईंधन हुआ।

(131)

प्रेमवश कृतिकार प्रीतम ने, घड़ा, जीवन दिया,
प्रेम-छेनी की छुअन दी और स्नेही मन दिया;
दिल बनाते रज गिरी जो, वह चली कुंजी अनोखी
जो सुरक्षित रख रही है प्राण का जो धन दिया।

(132)

दिल पे ये तेरी जुदाई के जो गहरे घाव हैं,
जिस्म की हैं रोशनी औ' प्राण-सर्जित भाव हैं;
देख लेना सृष्टि सारी हो उठेगी रंग-रंजित,
प्रेम ने रक्खे धरा पर निज सुकोमल पाँव हैं।

(133)

सूर्य का प्याला सुरा की रोशनी से है भरा,
ज़िन्दगी है मस्त साक़ी की नज़र का आसरा;
तुम सुराही को अलग ही दृष्टि से देखो ज़रा,
जान पाओगे सुरा के अर्थ का सच माजरा।

(134)

एक दीवाना हुआ आसीन जग की पीठ पर,
पाप की या पुण्य की उसको नहीं कोई फ़िकर;
कर्मकाण्डों से अपरिचित, घूमता है मस्त जो,
कौन ऐसा हो सका है विश्व में बोलो महा नर ?

(135)

जोगियों को होश कैसा रूप या अपरूप का,
ज्ञानियों को स्वर्ग हो या नर्क सब है एकसा,
वीतरागी के लिए है कामिनी कंकाल-सम;
प्रेमियों को क्यों चले सुख और दुःख का भी पता ?

(136)

मौत के आग़ोश में सो जाए हो कर बेख़बर,
धूल चाटे तू धरा की काल ढाए जो कहर;
उसके पहले, कुछ कमाई कर इधर परमार्थ की,
हाथ खाली लौटता जो, कुछ नहीं पाता उधर।

(137)

तू अगर संसार में चाहे परम-पद, ओ हृदय !
कोई तुझसे दुःख न पाए, तू रहे इतना सदय
किसलिए हैरान है तू मृत्यु से, आजीविका से ?
ये उभय कब चूकते हैं विश्व में अपना समय ?

(138)

धूप में व्याकुल बतख़ से दग्ध मछली ने कहा—
"नीर इस सूखी नदी में क्या कभी फिर आएगा ?"
यों बतख़ बोली कि "मेरे बाद मरने के यहाँ,
नीर बरसे या अंगारे एक ही है हादसा"।

(139)

तेरी जुल्फों से घड़ी भर खेलना चाहा अगर,
भूलकर भी मत समझना, है मेरी मैली नज़र;
लुप्त अन्तर की झलक पाई जो तेरी शक्ल में,
वह ललक ही पास तेरे खींच लाई बेख़बर !

(140)

जिस सनम के वास्ते है जान तक अपनी निसार,
दूसरे के वास्ते पाया उसे है बेक़रार;
आस थी जिनसे कि इक दिन दर्द की देंगे दवा,
हो चुके हैं किस निगोड़े रोग के वो ख़ुद शिकार !

(141)

इन लबों पर क्यों गुलाबों को निछावर ना करूँ ?
रूप-गर्वित भाल के आगे सितारे क्या धरूँ ?
मैं तुम्हारी चितवनों की चाह में डूबा हुआ,
प्राण मदमाती अदा पर क्यों न बल खाकर मरूँ ?

(142)

उनके केशों से पवन को खेलना हासिल रहा,
हमको उनकी आरजू करना तलक मुश्किल रहा;
कह रहे सब रूप उनका दृष्टि से क्यों दिख सके ?
इश्क़ हो तो दाँव पर हमको लगाना दिल रहा।

(143)

बेध डाला है धरा को, थाह डाले हैं गगन,
अगम भेदों को निचोड़ा, कर लिया विधि का मनन;
काल के दुर्गम अन्धेरे भी कुचल डाले, मगर,
काट पाए हैं नहीं हम मृत्यु के बन्धन सघन।

(144)

क्यों जगत् में सत्य का तरुवर कभी फलता नहीं,
झूठ के तूफान में दीपक कोई जलता नहीं;
डाल सींची तो जड़ों तक जल न पहुँचेगा कभी,
इसलिए ही कर्म-फल का भेद भी टलता नहीं।

(145)

सुख सुरा-भक्तों की सेवा बन सके तो यार, कर,
नष्ट कर दे काल्पनिक इन कारणों के सब असर;
ध्यान से सुन और गुन– खैयाम का पैग़ाम तू
"पी सुरा औ नाच-गा, पर भूल मत परमार्थ नर!"

(146)

बेसबब दुनिया के ग़म में रात दिन जलना पड़े
प्राण के फन्दे में बन्दी, हाथ भी मलना पड़े;
गूर्ख, कैसे मान बैठा है इसे निजधाम तू,
आज आया है तो शायद कल तुझे चलना पड़े।

(147)

खुशमिजाज़ी यार हों और खुशनुमा कोई ज़मीं,
लूटते हों ज़िन्दगी की मस्तियाँ मिलकर हँसीं;
हुस्न की बरसात हो और जाम छलकें प्रेम के,
ज़िक्र मेरे नाम का मत भूल जाना तुम वहीं।

(148)

मेरे मरने पर मुझे मदिरा से नहलाना ज़रूर,
खूब पीकर झूमना और नाचना गाना ज़रूर;
देखना चाहो निकट तुम, मृत्यु के पश्चात् भी
इस सुरालय के निकट ही मुझको दफ़नाना ज़रूर।

(149)

मेरे मरने पर जगत् को बोध आना चाहिए,
इसलिए यह देह मिट्टी में समाना चाहिए;
मेरी मिट्टी में सुरा को घोलकर ओ साथियो,
फिर सुरा से ही छलकता घट बनाना चाहिए।

(150)

मृत्यु के जब स्पर्श से हो जाय यह पीला बदन,
मित्र उसको सुर्ख करना डालकर मदिरा के कण;
द्राक्ष तरु की डालियों से हो बनी शव-वाहिनी,
फिर उन्हीं फूलों उन्हीं पातों से हो निर्मित कफ़न।

(151)

भय के कारण मैं सही व्यवहार त्यागूँगा नहीं,
मृत्यु का सुन नाम मैं घबरा के भागूँगा नहीं;
प्राण प्रभु से हैं मिले विश्वास पर कुछ दिन उधार,
शान से लौटाऊँगा, पर भीख माँगूँगा नहीं।

(152)

राह सारी कट गई साथी सभी चलते गए,
बारी-बारी छोड़कर सब शून्य में गलते गए;
साथ बैठे ज़िन्दगी के जाम जो पीते रहे,
मौत के गहरे नशे में यार सब छलते गए।

(153)

इस फ़ना के रास्ते में ज़िन्दगी है इक पड़ाव,
मूर्ख ही महसूस करते व्यर्थ में इससे लगाव;
कूच करने के लिए उसके हुकम की देर है,
कौन पूछेगा यहाँ उड़ती हुई मिट्टी का भाव।

(154)

धूल को चेतन बनाया, ज्ञान के खेमे सिए,
वह उमर ख़ैयाम देखो जा रहा बस ग़म लिए;
काल-कैंची से कटी हैं उम्र की सब डोरियाँ,
और यम के दूत उसको दफ़न करके चल दिए।

(155)

प्राण उड़ते ही यहाँ मिलकर सभी डट जाइए,
धूल मुट्ठी भर बनाने के लिए दफनाइए;
इक करम दरकार है ऐ मेरे प्यारे दोस्तो,
कब्र की ईंटों में मदिरा घोलकर चिनवाइए।

(156)

जिस घड़ी मृत देह पर मातम ध्वजा फहराएगी,
पंचतत्त्वों की सभा जब हो विसर्जित जाएगी;
फिर कभी इस धूलि से भी घर अगर कोई बने,
मात्र छूने से सुरा के ज़िन्दगी लहराएगी।

(157)

देखते ही देखते है उड़ चला जोबन का रंग,
मन ही मन में रह गए अफसोस ! वासन्ती उमंग;
कब यहाँ आया, ख़बर तक हो नहीं पाई हमें,
उड़ चला फिर ज़िन्दगी के कुंज से यौवन-विहंग।

(158)

हंस हूँ मैं, उच्च शिखरों से धरा पर आ रहा,
दार्शनिक बनकर धरा पर व्योम पर हूँ छा रहा;
पर अगम के भेद का ज्ञाता न कोई भी मिला,
इसलिए मैं देश अपने आज वापस जा रहा।

□□

पूर्व राष्ट्रपति श्री शंकरदयाल शर्मा जी द्वारा साहित्य साधना के लिए पुरस्कृत किये जाते हुए। साथ में श्री वोम्बई—मानव संसाधन विकास मंत्री, भारत सरकार।